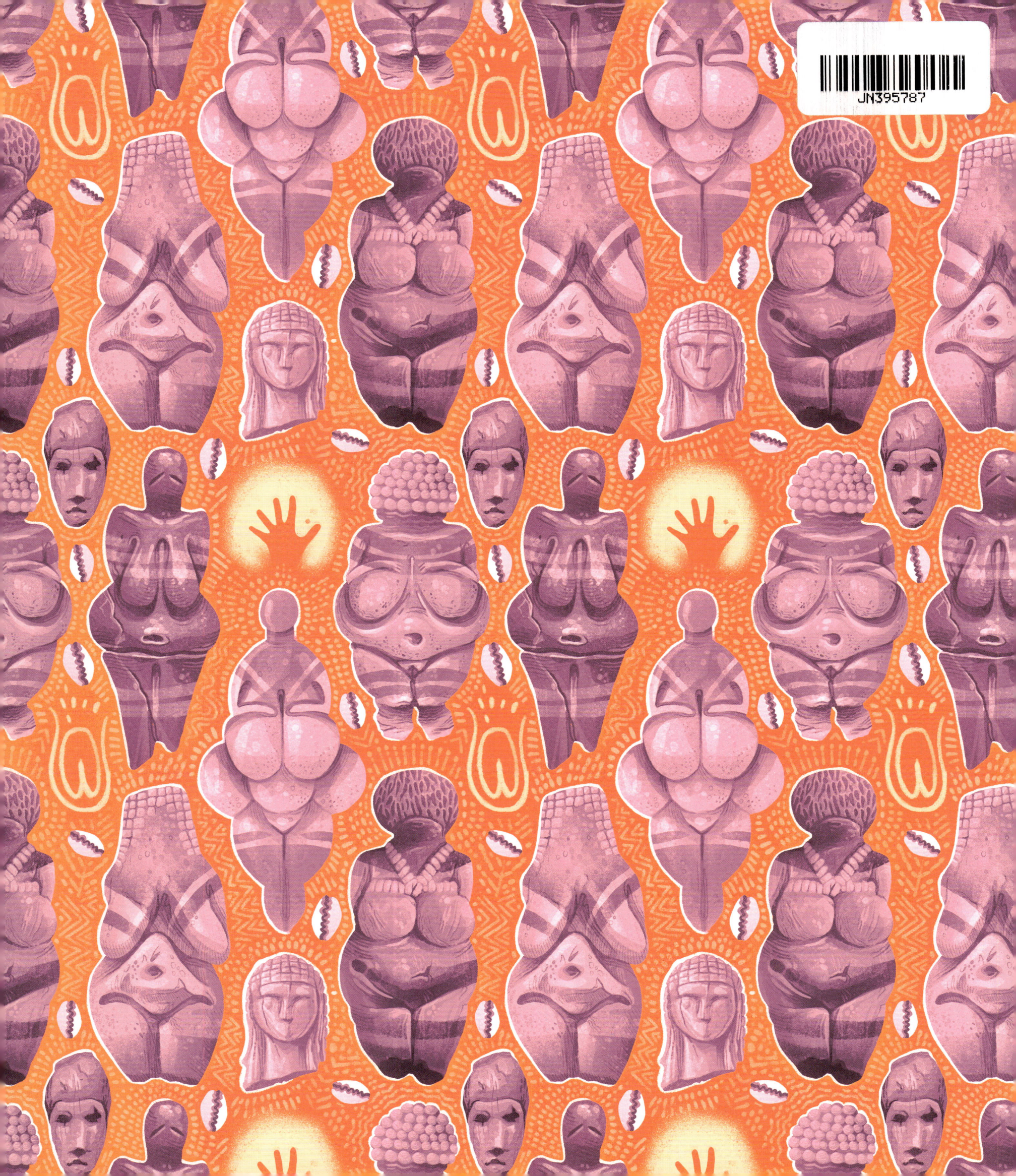

마르타 유스토스 글
스페인 마드리드 콤플루텐세 대학교에서 고고학을 공부하고, 로비라 이 비르길리 대학교에서 제4기 고고학과 인류 진화 연구로 박사 학위를 받았어요. 부르고스 인류 진화 박물관에서 여러 해 동안 교육을 담당했으며, 시에라 데 아타푸에르카 유적지 발굴 작업에 10년 이상 참여했어요. 그 밖에도 많은 고고학적 발굴에 참여했습니다.

디에고 로드리게스 로브레도 그림
스페인 마드리드 콤플루텐세 대학교에서 고고학을 공부하고 바스크 대학교에서 과학 삽화로 박사 학위를 받았어요. 아타푸에르카 유적지를 비롯해 엘 카스티요, 엘 아브릭 로마니, 토랄바와 암브로나 유적지 등 다양한 고고학적 발굴 작업에 참여했어요. 예술과 과학에 대한 풍부한 지식을 바탕으로 선사시대를 쉽게 이해할 수 있도록 그려낸 교육적인 그림들은 높이 평가받고 있습니다.

김지애 옮김
스페인어와 영문학, 예술학을 공부하고 스페인 미술·골동품 학교에서 미술품 평가 및 감정 과정을 수료했어요. 지금은 영어권과 스페인어권의 어린이·청소년 책을 우리말로 옮기는 일을 하면서 국립어린이청소년도서관 외국 도서 추천위원으로 활동하고 있어요. 옮긴 책으로는 『심장이 연주하는 우리 몸』 『색깔 전쟁』 『친구를 사귀려면』 『넌 내가 안 보이니?』 『씨 없는 수박은 어떻게 심어?』 『안 돼?』 『갈라 행성이 뜨거워지고 있어요!』 외 여러 권이 있습니다.

모두의 인류 진화사
인류학자가 찾은 선사시대 속 여성들

초판 인쇄 2025년 7월 17일 **초판 발행** 2025년 7월 17일
글쓴이 마르타 유스토스 **그린이** 디에고 로드리게스 로브레도 **옮긴이** 김지애
펴낸이 남영하 **편집** 조웅연 **전예슬 디자인** 박규리 **마케팅** 김영호 **경영지원** 최선아
펴낸곳 ㈜씨드북 **주소** 03149 서울시 종로구 인사동7길 33 남도빌딩 3F **전화** 02) 739-1666 **팩스** 0303) 0947-4884
홈페이지 www.seedbook.co.kr **전자우편** seedbook009@naver.com **인스타그램** instagram.com/seedbook_publisher
ISBN 979-11-6051-732-3(77900)

FEMINA SAPIENS
written by Marta Yustos and illustrated by Diego Rodríguez Robredo
Copyright © Mosquito Books Barcelona, S.L., 2024
All rights reserved
Korean translation copyright © Seedbook Publishing Co., 2025 Korean translation rights arranged with Mosquito Books Barcelona, S.L. through Orange Agency
이 책의 한국어판 저작권은 오렌지 에이전시를 통해 저작권자와의 독점계약을 맺은 ㈜씨드북에 있습니다.
저작권법에 의해 한국 내에서 보호를 받는 저작물이므로 무단 전재와 무단 복제를 금합니다.

제조국명: 대한민국 | **사용연령:** 6세 이상
KC마크는 이 제품이 공통안전기준에 적합하였음을 의미합니다.
종이에 베이지 않게 주의하세요.

• 책값은 뒤표지에 있어요. • 잘못 만들어진 책은 구입하신 서점에서 바꾸어 드려요. • 씨드북은 독자들을 생각하며 책을 만들어요.

모두의 인류 진화사

인류학자가 찾은 선사시대 속 여성들

마르타 유스토스 글   디에고 로드리게스 로브레도 그림   김지애 옮김

씨드북

추천인의 말

어린이는 인류의 미래예요. 과거에도 그랬고 앞으로도 그럴 거예요. 그래서 어린이들에게 인격 형성과 정체성 확립에 필요한 정보를 제공하는 건 아주 중요해요.

특히 어린이들이 꼭 배워야 할 것 중 하나가 인류 진화 역사예요. 변하지 않는 종이란 없어요. 시간이 흐르면서 모든 종은 변해 왔어요. 우리의 의식이 더 나은 쪽으로 향할 때 진화가 이루어졌어요.

작가 마르타 유스토스와 삽화가 디에고 로드리게스 로브레도는 재미있으면서도 유익한 책을 만들었어요. 이 책은 우리 선조들이 누구였고, 어떻게 살았으며, 400만 년이라는 기나긴 시간 동안 어떻게 생존했는지를 쉽고 친절하게 알려 줍니다. 또한, 선사시대 여성들은 사회에서 어떤 역할을 했는지에 대해서도 이야기해요. 무려 400만 년이라니! 그토록 오랜 시간 동안 일어난 변화와 진화에 대해 이해하기도, 상상하기도 쉽지 않겠죠. 오스트랄로피테쿠스, 파란트로푸스, 호모 하빌리스, 네안데르탈인 그리고 오늘날 살아 있는 우리 호모 사피엔스까지 인류는 오랜 시간을 살았으니까요.

우리는 4만 년 전쯤부터 지금까지 살아 있는 유일한 인류예요. 우리가 최고의 인류라는 뜻은 아니에요. 그저 마지막 남은 인류일 뿐이죠. 앞서 이야기한 다른 인류에 비해 우리 호모 사피엔스의 역사는 무척 짧아요. 비교도 할 수 없을 정도죠.

이 책은 인류의 진화가 어떻게 이루어졌으며, 우리 선조들의 지능은 언제부터 발달하기 시작했는지를 글과 그림을 통해 독자들에게 전달해요. 어린이와 어른이 함께 읽을 수 있는 흥미진진한 이야기가 가득하답니다. 자, 이제부터 과거로 여행을 떠나 볼까요?

마리나 모스케라

스페인 로비라 이 비르길리 대학교(URV) 인류 고생태학 · 사회 진화 연구소(IPHES) 연구원이자 아타푸에르카 유적지 연구 프로젝트 공동 책임자

과거로 들어가는 문

과거를 살펴보는 건 조각이 많이 사라진, 아주 큰 퍼즐을 맞추는 것과 비슷해요. 게다가 그나마 있는 조각이 망가졌다면 더욱 어렵겠죠. 하지만 화석을 연구한 사람들은 아주 오랫동안 포기하지 않고 이 거대한 퍼즐을 맞춰 왔어요. 인류가 어떻게 진화했는지를 알아내기 위해서죠.

이 책은 대가족 앨범과도 같아요. 이 책을 통해 여러분의 아주아주 먼 옛날 할머니, 할아버지가 어떤 분들이었는지 알 수 있을 거예요. 책장을 펼칠 때마다 과거로 들어가는 문이 활짝 열릴 거예요. 그 문으로 들어가면 인류가 어떻게 시작됐고, 오늘날에 이르게 되었는지 알 수 있죠. 옛날 우리 조상들이 스마트폰도, 전기도, 마트도, 자동차도 없이 어떻게 살았는지도요.

고고학은 과학이나 다른 많은 학문처럼 예전에는 남자들만 할 수 있었던 분야였어요. 주로 남성 학자들이 연구했다 보니 이따금씩 남성 입장에서만 연구된 결과가 나오기도 했어요.

만일 그 이야기를 여성 학자들이 썼다면 어땠을까요? 이제부터 '그녀들'의 목소리를 들으며 선사시대로 여행을 떠날 거예요. 우리보다 먼저 살았던 다양한 인류를 배우며, 기나긴 진화 역사 속 진짜 주인공들을 만나 보세요. 그럼, 여행을 시작해 볼까요?

계: 동물계
문: 척삭동물문
강: 포유강
목: 영장목
상과: 사람상과
과: 사람과
족: 사람족
아족: 사람아족(호미닌)
속: 사람속(호모)
종: 사람(호모 사피엔스)

너무 같으면서 너무 다른

침팬지와 여러분의 뼈대를 비교해 보면 서로 많이 닮았다는 사실을 알게 될 거예요. 둘의 조상이 같기 때문이에요. 과학자들은 뼈와 그 생김새를 분석하여 우리 조상들의 화석을 분류한답니다.

너무 같으면서 너무 다른

인간과 침팬지의 유전자를 연구한 결과, 둘의 유전자가 98퍼센트 일치한다는 사실을 알게 되었어요. 98퍼센트라니, 엄청나죠? 하지만 겉모습을 비교해 보면 서로 많이 달라요.

- 척추가 곧아서 어깨 위로 머리를 똑바로 세울 수 있어요.
- 팔은 다리에 비해 짧아요.
- 머리뼈 아래 대후두공이라 불리는 구멍이 있어요. 척추와 뇌를 연결하고 척수가 지나가는 통로이기도 해요. 인간은 대후두공과 연결된 척추가 곧게 서 있기 때문에 머리를 꼿꼿이 들고 두 발로 걸을 수 있어요.
- 흉곽은 항아리 모양이에요.
- 손가락이 작고 곧아요.
- 엄지는 길고 힘이 세요.
- 넙다리뼈는 몸의 중심을 향해 기울어져 있어서 무릎을 모을 수 있어요.
- 다리가 길어요.
- 발꿈치뼈가 크고 튼튼해서 걸을 때 충격을 줄여줘요.
- 엄지발가락은 나머지 발가락과 나란히 있어요.
- 발바닥은 오목해요.

호모 사피엔스

- 침팬지들은 대후두공이 머리뼈 뒤쪽에 뚫려 있어서 척추를 똑바로 세우지 못해요. 그 결과 네 발로 걸을 수밖에 없죠.
- 척추는 기울어져 있어요.
- 다리가 짧아요.
- 긴 팔로 나무 사이를 이동해요.
- 무릎이 바깥쪽을 향하고 있어요.
- 길고 굽은 손가락으로 나뭇가지를 붙잡아요.
- 발은 손처럼 평평해요.
- 엄지발가락이 다른 발가락과 마주 보고 있어요.
- 엄지가 짧아요.
- 손가락 관절에 기대서 걸어요.

판 트로글로디테스

침팬지
- 머리뼈가 작고 이마는 낮아요.
- 눈썹이 있는 부분의 뼈가 튀어나왔어요.
- 입이 바깥쪽으로 돌출되어 있어요.
- 커다란 앞니로 먹이를 짓이겨요.
- 송곳니가 커요.
- 아래턱에 튀어나온 부분이 없어요.

사람
- 머리뼈가 크고 둥글어요.
- 얼굴이 납작하고 이마는 높고 반듯해요.
- 코뼈 때문에 코가 도드라져요.
- 잡식성이기 때문에 치아가 작아요.
- 송곳니가 작아요.
- 아래턱 끝이 돌출되었어요.

두뇌 용량
뇌의 크기를 측정하여 지능의 높고 낮음을 판단할 수 있어요.
침팬지의 뇌 용량은 300~500cc 정도이고,
사람의 뇌 용량은 1,400cc 정도예요.

큰 뇌와 작은 골반
우리 조상들은 이족 보행을 하면서 골반이 좁아졌어요.
시간이 지날수록 인간의 뇌는 커지는데, 골반은 좁아지다 보니
출산이 어려워졌어요. 지혜로운 자연은 해결 방법을 찾았어요.
바로 아기의 뇌가 완전히 형성되기 전에 출산하는 거였죠.

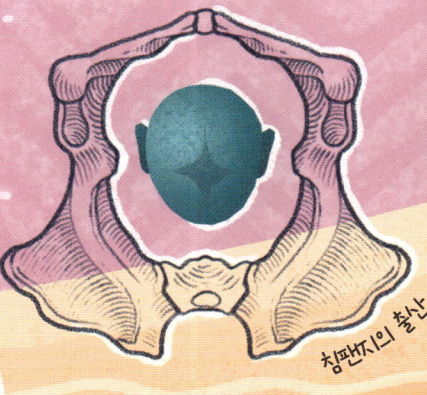

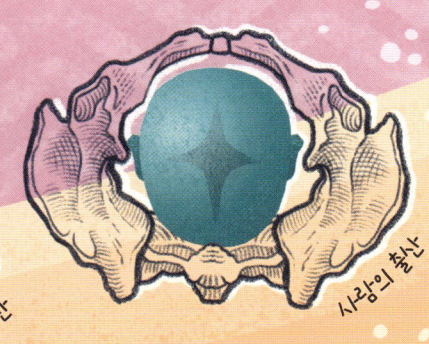

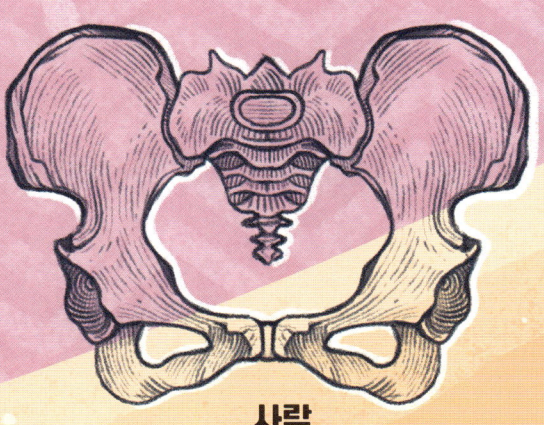

침팬지
골반이 위아래로 길고 좌우로 좁아요.
볼기뼈는 뒤를 향하고 있어요.
똑바로 서서 걸으면 뒤뚱거리게 되는 이유가
바로 그 때문이에요.

사람
골반이 위아래로 짧고 좌우로 넓어요.
볼기뼈는 옆을 향하고 있어요.
그래서 안정적으로 걸을 수 있지요.

진화를 향한 큰 걸음
이족 보행은 진화의 전과 후를 나누는 기준이 되었어요.
두 다리로 걸으면 장점이 많지만, 단점도 있어요.

장점
- 도구를 만들고 사용하기 쉬워요.
- 시야가 높아져요.
- 햇볕에 덜 노출되어서 체온 조절을 할 수 있어요.
- 먹거리와 물건을 손으로 옮길 수 있어요.
- 아기를 더 잘 보호할 수 있어요.
- 이동할 때 에너지 소비가 적어요.

단점
- 네발 동물들에 비해 속도가 느려요.
- 좀 더 연약해요.
- 출산이 좀 더 복잡해요.

두 발로 땅에 서다

약 400만 년 전쯤 진화 나무에 새로운 가지가 돋아났어요. 오스트랄로피테쿠스라는 새로운 종이 등장했거든요. 오스트랄로피테쿠스는 '남쪽의 유인원'이라는 의미예요.

동아프리카와 남아프리카에 살았던 오스트랄로피테쿠스는 작은 키와 작은 두뇌 그리고 유별나게 긴 팔을 가진 여느 다른 유인원과 비슷했어요. 하지만 이들은 완벽하게 두 발로 걸은 영장류였죠. 나무가 많은 열대 초원 지대와 숲에 살면서 채소와 과일, 곤충과 작은 동물을 실컷 먹었어요.

오스트랄로피테쿠스 아파렌시스
'루시' (AL 288-1)

루시

루시는 선사시대의 여자 조상 가운데 가장 유명해요. 루시는 오스트랄로피테쿠스 아파렌시스 종의 젊은 인류로, 320만 년 전쯤 에티오피아의 숲이 우거진 열대 초원 지대에 살았어요. 우리 조상들은 이때 처음 똑바로 서서 두 발로 걸었고 수천 년 후엔 두뇌가 커졌어요. 루시 덕분에 알게 된 아주 중요한 사실이죠.

'셀람'이라는 이름으로 불리는 뼈 화석은 세 살가량의 여자아이로 가장 온전한 모습으로 발견된 오스트랄로피테쿠스 종이에요.

발견된 오스트랄로피테쿠스의 머리뼈 중 가장 온전한 형태예요. '플레스 부인'은 오스트랄로피테쿠스 아프리카누스 종에 속했어요.

매우 잘 보존된 여성의 뼈 화석이 또다시 발견되었어요. 어쩌면 200만 년 전에 살았던 마지막 오스트랄로피테쿠스인 세디바 종일지도 몰라요.

루시와 셀람은 에티오피아 아파르 계곡에서 발견되었어요.

탄자니아 북쪽 라에톨리 유적지

플레스 부인과 이사는 남아프리카 공화국 유적지에서 발굴되었어요.

셀람

플레스 부인

이사

발자국

370만 년 전, 한 무리의 오스트랄로피테쿠스 종이 열대 초원 지대를 걷고 있었어요. 그때 화산이 폭발하면서 화산재가 날렸죠. 땅에 새겨진 이들의 발자국은 비가 온 뒤 굳어졌고 시간이 지나면서 그대로 남았어요. 탄자니아 라에톨리 유적지에서 발견된 이 발자국들은 오스트랄로피테쿠스가 똑바로 서서 걸었을 뿐 아니라, 우리와 발 모양이 비슷했다는 또 하나의 증거예요.

침팬지의 발자국

현생 인류의 발자국

라에톨리 유적지에서 발견된 오스트랄로피테쿠스의 발자국

거대한 코뿔소와 얼룩말, 작은 장수풍뎅이에 이르기까지 많은 동물이 화산재에 발자국을 남겼어요.

히파리온

개코원숭이

딕딕

호로새

몽구스

새로운 환경에 적응하기

250만 년 전쯤 지구는 엄청난 기후 변화를 겪었어요. 오늘날 우리가 아는 건조한 사바나 초원도 오스트랄로피테쿠스의 서식지였을 때는 나무가 빽빽하게 들어선 숲과 비가 많이 내리던 정글이었어요. 동물들은 새로운 환경에 적응해야 했죠. 우리 조상들도 예외는 아니었답니다.

파란트로푸스

파란트로푸스는 오스트랄로피테쿠스와 비슷한 생김새였지만, 몸이 더 튼튼하고 힘이 셌어요. 이들은 100만 년 전 멸종했는데, 아프리카 동쪽과 남쪽에 있는 작은 숲에서 살았어요.

마카이로두스

튼튼한 턱을 가졌어요!

즙이 많은 과일이나 연한 이파리처럼 씹기 편한 부드러운 식물들은 구하기 쉽지 않았어요. 그래서 뿌리채소, 식물의 뿌리와 씨앗, 파피루스 등 단단하고 섬유질이 많은 질긴 식물들을 씹을 수 있도록 아래턱이 발달했어요.

먹거리가 달라지자, 생김새 또한 변했어요. 몇 시간이고 씹을 수 있는 단단한 턱 근육과 질긴 식물을 짓이길 수 있는 큼지막한 어금니 때문에 얼굴은 억세 보였죠. 아무리 질긴 식물을 씹어도 턱이 아플 일은 별로 없었을 거예요.

초기 인류

파란트로푸스가 숲과 덤불 사이에서 살아가는 동안 새로운 인류가 등장했어요. 겁이 없고 모험심 강한 호모 하빌리스는 안전한 정글을 포기하고 위험한 아프리카 사바나에서 살아가기로 결심했죠.

죽은 동물을 먹거나 사냥하면서 고기를 더 많이 먹게 됐어요. 그 덕분에 두뇌가 발달했고, 팔은 좀 더 짧아지면서 몸의 균형이 잡혔어요. 손은 두툼해졌고, 엄지에도 힘을 줄 수 있게 되면서 오늘날 우리의 손과 비슷해졌어요.

호모 하빌리스
'트위기' (OH24)
180만 년 전에 죽은 여성

날카로운 돌

손재주가 좋았던 호모 하빌리스는 250만 년 전쯤 석기를 만들었어요. 돌로 다른 돌을 내리치면 아주 날카로운 돌 파편을 얻을 수 있다는 것을 알아냈거든요. 이렇듯 단순하고 실용적인 돌 파편이 역사상 최초의 칼이 되었죠. 세상에서 가장 오래된 기술이 탄생한 거예요!

우리를 인간으로 만드는 것은 무엇일까?

도구를 만들고 사용하면서 인류는 점점 똑똑해졌어요. 두뇌가 발달하고 생각도 많이 하게 되었죠. 문화는 바로 우리가 어떤 존재인지를 나타내는 신호였어요.

시베리아 친척들

시베리아 남쪽 알타이산맥에 있는 데니소바 동굴에서 고대 인류의 DNA가 발견됐어요. 동굴이 하도 추워서 이처럼 귀한 보물이 보존될 수 있었죠.

데니소바인

데니소바인들이 어떻게 생겼는지 정확히 알 수는 없어요.
치아 몇 개와 작은 뼛조각만 찾았으니까요. 하지만 뼈 화석에 유전자 일부가 남아 있던 덕분에 학자들은 이 유골들이 네안데르탈인도 사피엔스도 아니라는 사실을 알아냈죠.
놀랍게도 새로운 종이 발견된 거였어요!
데니소바 동굴에서 발견했기 때문에 이들에게 데니소바인이라는 이름을 붙여 주었어요.
데니소바인들은 20만~40만 년 전 아시아의 추운 지역에서 살았어요.
네안데르탈인과 가까운 친척일지도 모르는 이들은 과거에 서로 같은 시기를 살기도 했죠.

데니소바인의 발자취

동남아시아와 오세아니아 원주민들에게 데니소바인의 유전자가 조금은 남아 있어요. 수천 년 전에 그들의 조상과 데니소바인 사이에서 혼혈아가 태어났기 때문이죠.

혼혈아 데니

발견된 뼛조각 가운데 하나는 굉장한 이야기를 담고 있어요. 9만 년 전쯤 살았던 열세 살 여자아이의 엄마는 네안데르탈인이었고 아빠는… 세상에! 데니소바인이었다는 엄청난 이야기였죠. DNA 검사 결과 이 여자아이의 눈이 갈색이었고 머리카락은 밤색에, 피부는 검은색이었을 것으로 밝혀졌어요.

네안데르탈인의 유전

이제 우리와 가장 가까운 친척, 네안데르탈인을 알아볼 차례예요. 네안데르탈인들의 화석은 19세기 초에 처음으로 발견되었어요. 하지만 우리와 다른 종이라는 사실이 밝혀지기까지 여러 세기가 걸렸죠.

호모 네안데르탈렌시스

네안데르탈인들은 약 25만 년 전 유럽에 등장했어요. 그리고 약 3만 년 전쯤 멸종할 때까지 모든 대륙으로 흩어졌어요. 이들은 우리보다 키가 훨씬 더 작고 뚱뚱했죠. 플라이스토세 빙하기의 혹독한 추위에 적응한 결과였어요. 머리는 크고 길쭉했으며 뇌는 우리보다 더 컸답니다.

네안데르탈인 / 사피엔스

오록스

과거 시마 데 로스 우에소스에 살던 초기 네안데르탈인들처럼 이들도 고기와 가죽 혹은 질긴 식물을 치아로 물고 잘랐어요. 일부 유적지에서 발견된 남녀의 뼈 화석은 치아의 닳은 정도가 다른데, 남자와 여자가 서로 다른 일을 했음을 짐작할 수 있어요.

웨스트캐퍼케일리

고유한 문화를 발전시킨 종

네안데르탈인들은 특별한 기술을 발명했어요. 규석과 조개껍데기, 동물 뼈를 이용해 도구를 만들었을 뿐만 아니라 몸을 치장하는 장신구도 만들었죠.

가족 단위의 작은 무리가 동굴이나 야영지에 모여 살면서 하루하루 해야 할 일들을 했어요. 사랑하는 이들이 죽으면 묻어 주었고, 사냥과 채집도 잘했죠. 특정 식물들을 약으로 쓸 줄도 알았어요. 바닷가에 살았던 이들은 연체동물과 해양 동물 등 다양한 것들을 먹었어요.

네안데르탈인 게놈 프로젝트

2013년에 과학자들은 네안데르탈인들의 뼈에서 DNA를 추출했어요. 피부는 희고 머리카락은 구릿빛이며 말을 할 수 있는 능력이 있었다는 사실을 밝혀냈죠. 더욱 놀라운 건 현생 인류에게 네안데르탈인의 DNA가 남아 있다는 거였어요.

호빗

한 연구팀이 인도양 건너편 인도네시아의 플로레스섬에서 약 9만 년 전 살았던 작은 인간들의 유골을 발견했어요. 한바탕 큰 소동이 벌어졌어요. '호빗'이라고도 불리는 호모 플로레시엔시스는 그때까지 한 번도 본 적 없는 현생인류의 축소판이었기 때문이에요.

플로레스의 여인

호모 플로레시엔시스의 가장 완벽한 뼈 화석은 성인 여자의 것이었어요. 키는 1미터를 겨우 넘었고 몸무게는 고작 25킬로그램 정도였죠. 그리고 뇌는 침팬지와 비슷했어요. 이토록 작은 인간들은 어쩌다 이리도 먼 섬까지 왔을까요? 호모 사피엔스와는 만난 적이 있을까요? 풀어야 할 수수께끼가 아직 많이 남아 있답니다.

호모 플로레시엔시스
'플로'(LB1)

뒤바뀐 세상

호모 플로레시엔시스는 작은 코끼리와 거대한 쥐, 몸집이 엄청 큰 코모도왕도마뱀과 함께 살았어요. 섬이라는 특수한 환경에서는 공간과 자원이 적을 뿐만 아니라 포식자의 수 또한 적어요. 이러한 이유로 큰 동물들은 몸집이 작아지고 작은 동물들은 몸집이 더 커지는 일이 벌어져요.

유목민 집단

동굴과 바위 구멍을 피신처로 쓰거나 죽은 이들을 묻는 장소로 이용했어요.
또한 야영지를 만들고, 동물 가죽이나 나뭇가지로 덮은 커다란 움막을 지었죠.
다른 곳으로 이동할 때는 또 다른 집단과 소통하며 서로의 지식과 자원을 교환했어요.

역할 나누기

초기 사피엔스들은 여러 가족이 무리를 지어
서로 돕고 살았어요. 임신한 여성들과 아이들
그리고 노인들은 함께 식물을 채집하거나
작은 동물을 사냥하고 먹을 것을 준비했죠.
그사이 좀 더 위험한 일들은 무리의 나머지 인원이
맡아서 해냈답니다.

창의적인 정신

예로부터 학자들은 호모 사피엔스만이 창의적인 생각을 할 수 있었다고 믿었어요. 선사시대에 예술이 언제 처음 등장했는지 정확히 알기는 어려워요. 분명한 건, 창의성은 호모 사피엔스만 가졌던 게 아니라는 거예요.

여성의 몸을 표현한 그림은 동굴에서도 많이 발견되었어요. 많은 동굴 벽에 여성의 모습이 새겨지거나 그려졌죠.

네안데르탈인의 예술

네안데르탈인들은 안료와 조개껍데기, 동물의 뼈와 이빨로 몸을 치장했어요. 그중 유럽 남부에 살았던 이들은 맹금류의 깃털과 발톱으로 장신구를 만들었죠.

프랑스 렌느 동굴에서 발견된 네안데르탈인들의 장신구 (40,000년 전)

여인상

선사시대 공동체 안에서 여성의 역할은 매우 중요했어요. 따라서 여인상을 만드는 일은 꽤 흔했죠. 유럽의 모든 유적지에서 엄청난 양의 여인상이 발견됐다는 게 그 증거예요.

레스퓌그 비너스
프랑스 25,000년 전

빌렌도르프 비너스
오스트리아 26,000년 전

돌니 베스토니체 비너스
체코 28,000년 전

코스텐키 비너스
러시아 24,000년 전

르낭쿠르 비너스
프랑스 25,000년 전

예술가는 어떤 사람들이었을까?

동굴 벽에 그림을 그린 건 남자들만이 아니었어요. 동굴 벽에 찍힌 손 모양 그림의 손가락 비율을 조사한 결과 대부분 여자와 어린이의 것으로 밝혀졌거든요.

몸치장

현생 인류는 안료와 조개껍데기, 알껍데기로 몸을 치장했어요. '카비용 부인'으로 알려진 여성은 얼굴에 붉은 안료를 칠하고 수많은 조개껍데기와 사슴 이빨로 만든 머리 장식을 쓴 채 묻혔어요.

죽음 너머의 세계

수천 년 전 다양한 장례 문화가 발달했어요.
세계의 많은 유적지에서 발견된 무덤을 통해 우리 조상들의 장례 문화를 엿볼 수 있어요.

 베드백

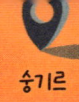 숭기르

 테쉭 타쉬

호모 네안데르탈렌시스
'테쉭 타쉬1', 8세

네안데르탈인의 무덤

네안데르탈인들의 무덤은 어두컴컴한 동굴 속에서 많이 발견되었어요.
죽은 이들은 종종 껴묻거리(시체와 함께 묻는 물건-옮긴이)와 함께 묻혔죠.

우즈베키스탄 테쉭 타쉬 동굴에서 발견된 어린이 무덤은
굉장히 인상적이에요. 여덟 살쯤 된 남자아이는 말 뼈로 만든
침대 위에 누워 있었죠. 그리고 여러 개의 염소 뿔로 만들어진
보호막과 꽃으로 뒤덮여 있었어요.

호모 사피엔스의 죽음

현생 인류인 호모 사피엔스는 죽은 이들을 동굴 안에 묻거나 야외에 무덤을 만들어 주었어요. 죽은 이들을 상아나 동물 뼈, 이빨로 만든 구슬로 장식하고 몸에는 그림을 그려 주었죠.

덴마크 베드백의 한 무덤에서 6천 년 전쯤 묻힌 한 여성과 아기가 발견되었어요. 이들은 백조의 날개 위에 누워 있었어요.

잘못된 해석

역사학적으로 근사한 장신구나 무기와 함께 묻힌 유골들은 전사나 지도자였던 남성들이라고 여겨져 왔어요. 새로 밝혀진 연구 결과들 덕분에 이제는 이러한 무덤 가운데 상당수가 여성들의 것이라는 사실을 알게 되었죠. 이는 과거 사회에서도 여성이 중요한 역할을 맡았다는 증거랍니다.

러시아 숭기르 유적지에서 3만 년쯤 된 무덤이 여럿 발견되었어요. 그중에서 두 청년의 무덤은 유독 눈에 띄었죠. 이들은 붉은 안료를 몸에 칠하고 상아 구슬, 매머드 송곳니, 여우 이빨로 만든 화려한 장신구를 걸친 채 작은 인물상 등과 함께 묻혀 있었어요.

사냥하는 여성, 아이를 돌보는 남성

오늘날 일부 수렵 채집 사회에서는 남녀의 역할이 구분되어 있지 않아요. 그 예로 아프리카의 유목민 부족인 '아카'는 여성들이 사냥을 나간 사이 남성들이 아이들을 돌본답니다.

바사의 여왕

하트셉수트

힘 있는 여성들

여성들은 지도자가 되기도 했어요. '바사의 여왕'은 사회적 권위가 높았음을 보여 주듯 무기와 칼 등 굉장한 껴묻거리와 함께 매장되었어요. 하트셉수트 역시 고대 이집트의 파라오였던 몇 안 되는 여성 중 한 명이었죠.

역사에 길이 남은 여성들

다른 여러 과학 분야가 그렇듯, 고고학을 비롯해 우리 과거를 연구하는 건 늘 남자들의 몫이었어요. 하지만 우리 과거를 다른 관점으로 연구하며 기존에 세워진 질서에 맞섰던 여성 개척자들도 있었죠.

제인 구달, 다이앤 포시, 비루테 갈디카스

영장류학의 세 거장으로 알려진 이 여성들은 야생의 영장류들을 관찰하고 보호하는 일에 평생을 바쳤어요. 포시(1932-1985)는 르완다 고릴라들의 보호자였고, 구달(1934)은 침팬지 연구의 권위자이며, 갈디카스(1946)는 오랑우탄 전문가예요. 이들은 인류 진화 연구에 상당한 공헌을 했답니다.

제인 들라포아(1851-1916)

프랑스의 탐험가이자 고고학자였던 이 여성은 세계 곳곳을 누비며 자신이 방문했던 나라에 대한 자료를 모으고 글을 썼어요. 자유롭게 여행하려고 남자처럼 옷을 입고 다녔죠. 제인 들라포아의 발굴 및 분류 방법은 많은 이에게 영향을 주었어요. 투탕카멘 무덤을 발견한 영국의 고고학자 하워드 카터도 들라포아의 영향을 받았죠.

엔카르나시온 카브레(1911-2005)

스페인 최초의 여성 고고학자로 알려진 카브레는 스페인 내전이 벌어지는 동안 예술적 유산들을 지키기 위해 힘썼어요. 발굴 작업을 하고 대학교수로 일했으며, 사진을 기록의 수단으로 이용한 최초의 인물이었죠.

도로시 리들(1890-1938)

고고학 교육을 받지 않았지만, 영국의 많은 유적지에서 선사시대 유물을 발굴했어요. 영국의 고인류학자 메리 리키의 멘토로도 유명해요.

메리 리키(1913-1996)

영국의 고인류학자로 아프리카 동부에서 평생을 바쳐 일했어요. 초기 파란트로푸스 보이세이 유골과 유명한 라에톨리 발자국을 발견했죠.

마거릿 머레이 (1863-1963)
영국 최초의 여성 고고학 교수이자 이집트학자였어요. 여성으로서는 처음으로 여러 사람이 모인 자리에서 이집트 미라의 붕대를 풀어 유명해졌어요.

메리 킹슬리 (1862-1900)
세계를 보고 싶다는 열정에 사로잡혀 그 시대 사회 규범을 깨고 홀로 아프리카로 여행을 떠났어요. 아프리카 전통에 관심이 많았던 킹슬리는 민족학의 선구자였으며 아프리카 사람들의 권리를 옹호하는 일에 앞장섰어요.

마리야 김부타스 (1921-1994)
평생을 유럽 초기 정착 사회를 연구하면서 모계 사회가 있었다는 주장을 펼쳤어요. 고고학 연구에 언어학과 민족학, 종교 역사에 대한 지식을 보태 인도유럽족의 기원을 밝혀냈죠.

아네트 라밍 앙트레르 (1917-1977)
프랑스 고고학자로, 선사시대 바위 예술을 새로운 관점에서 연구했어요. 또한 아메리카 대륙의 많은 유적지를 발굴했으며, 남아메리카에서 가장 오래된 인류의 유골을 찾아내기도 했죠.

캐슬린 케넌 (1906-1978)
영국의 고고학자로 예리코 발굴을 지휘하고 신석기 시대 인류를 연구하며 이름을 알렸어요. 스승인 모티머 휠러의 영향을 받아, '휠러-케년법'으로 알려진 새로운 바둑판식 발굴법을 처음으로 사용했어요.

오너 프로스트 (1917-2010)
수중 고고학 분야의 선구자이자 훌륭한 삽화가였어요. 지중해 발굴을 여러 차례 이끌었고, 고대 알렉산드리아 등대 조사에 참여하여 알렉산더 대왕의 고대 궁전 유적을 찾아냈어요.

43

가족 앨범

과학자들은 수십 년에 걸쳐 영장류 집단에 속하는 각기 다른 30여 종을 발견했어요. 나무에서 내려와 직립 보행을 택했던 이들이죠. 오늘날 여전히 두 발로 걷는 우리는 이 집단에 남은 유일한 종이에요.

아르디피테쿠스 라미두스
- 뜻: 땅에서 사는 유인원의 뿌리
- 유적지: 에티오피아 아와시강 아라미스
- 연대: 450만~430만 년 전
- 두뇌 용량: 300~370cc
- 키: 1.2m
- 무게: 40~50kg
- 주거지: 정글, 숲
- 분포 지역: 동아프리카

오스트랄로피테쿠스 아파렌시스
- 뜻: 아파르 남쪽의 유인원
- 유적지: 탄자니아 라에톨리, 에티오피아 하다르, 마카, 오모, 케냐 쿠비포라
- 연대: 390만~300만 년 전
- 두뇌 용량: 400~550cc
- 키: 1.5m(남자), 1m(여자)
- 무게: 45kg(남자), 30kg(여자)
- 주거지: 울창한 숲, 평원
- 분포 지역: 동아프리카

오스트랄로피테쿠스 아프리카누스
- 뜻: 아프리카 남쪽의 유인원
- 유적지: 남아프리카 공화국 스테르크폰테인, 마카판스가트, 타웅
- 연대: 330만~200만 년 전
- 두뇌 용량: 400~550cc
- 키: 1.4m(남자), 1.1m(여자)
- 무게: 50kg(남자), 25kg(여자)
- 주거지: 아열대숲
- 분포 지역: 남아프리카

파란트로푸스 로부스투스
- 뜻: 인류와 함께 살았던 건장한 유인원
- 유적지: 남아프리카 공화국 크롬드라이, 스와르트크란스, 드리몰렌
- 연대: 200만~120만 년 전
- 두뇌 용량: 500~550cc
- 키: 1.35m(남자), 1.1m(여자)
- 무게: 40kg(남자), 30kg(여자)
- 주거지: 숲과 초원 사이
- 분포 지역: 남아프리카

파란트로푸스 보이세이
- 뜻: 인류와 공존했던 유인원 (탐사를 지원한 광산업자 찰스 보이스를 기려 '보이세이'를 붙임)
- 유적지: 탄자니아 올두바이, 에티오피아 콘소, 케냐 쿠비포라, 체소완자
- 연대: 230만~100만 년 전
- 두뇌 용량: 475~550cc
- 키: 1.35m(남자), 1.2m(여자)
- 무게: 55kg(남자), 30kg(여자)
- 주거지: 숲과 초원 사이, 평원
- 분포 지역: 동아프리카

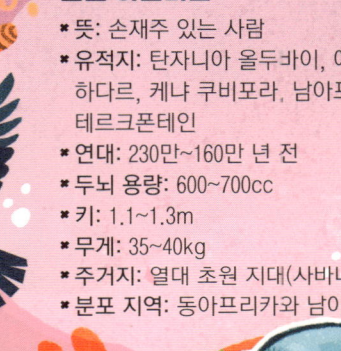

호모 하빌리스
- 뜻: 손재주 있는 사람
- 유적지: 탄자니아 올두바이, 에티오피아 오모, 하다르, 케냐 쿠비포라, 남아프리카 공화국 스테르크폰테인
- 연대: 230만~160만 년 전
- 두뇌 용량: 600~700cc
- 키: 1.1~1.3m
- 무게: 35~40kg
- 주거지: 열대 초원 지대(사바나)
- 분포 지역: 동아프리카와 남아프리카

호모 에르가스테르
- 뜻: 일하는 사람
- 유적지: 에티오피아 콘소, 케냐 쿠비포라, 나리오코토메, 남아프리카 공화국 스와르트크란스
- 연대: 180만~100만 년 전
- 두뇌 용량: 700~1,000cc
- 키: 1.5~1.75m
- 무게: 50~70kg
- 주거지: 열대 초원 지대(사바나)
- 분포 지역: 동아프리카와 남아프리카

호모 안테세소르
- 뜻: 탐험하는 사람
- 유적지: 스페인 아타푸에르카
- 연대: 90만~80만 년 전
- 두뇌 용량: 1,000~1,200cc
- 키: 1.6~1.85m
- 무게: 60~90kg
- 주거지: 숲과 평원
- 분포 지역: 남유럽

호모 하이델베르겐시스(초기 네안데르탈인)
- 뜻: 하이델베르크 사람
- 유적지: 스페인 아타푸에르카, 독일 마우어, 슈타인하임, 영국 스완스콤, 그리스 페트랄로나, 프랑스 아라고, 르 라자레
- 연대: 60만~20만 년 전
- 두뇌 용량: 1,100~1,400cc
- 키: 1.6~1.85m
- 무게: 60~90kg
- 주거지: 대초원, 평원, 숲
- 분포 지역: 유럽

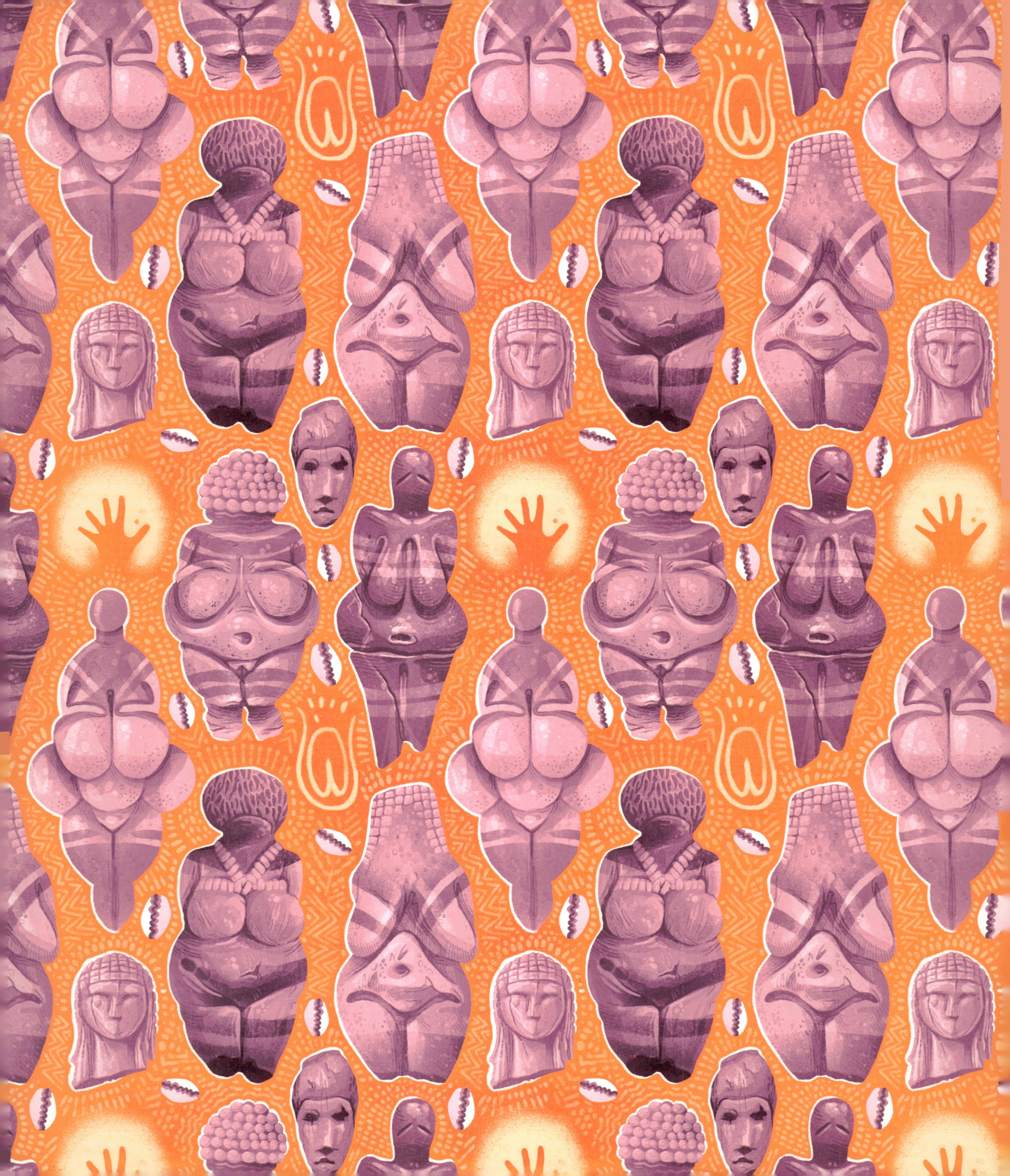